DISCOURS

PRONONCÉ A L'OCCASION

DE

LA BÉNÉDICTION DU DRAPEAU

A TILLY,

DÉPARTEMENT DE L'EURE.

DISCOURS

PRONONCÉ A L'OCCASION

DE LA BÉNÉDICTION DU DRAPEAU

A TILLY,

DÉPARTEMENT DE L'EURE,

PAR M. L'ABBÉ DE PIETRI,

CURÉ DE TILLY ET HEUBECOURT,

Le 5 Décembre 1830.

𝕻𝖆𝖗𝖎𝖘.

Imprimerie et Fonderie de Fain,

Rue Racine, n°. 4, Place de l'Odéon.

1830.

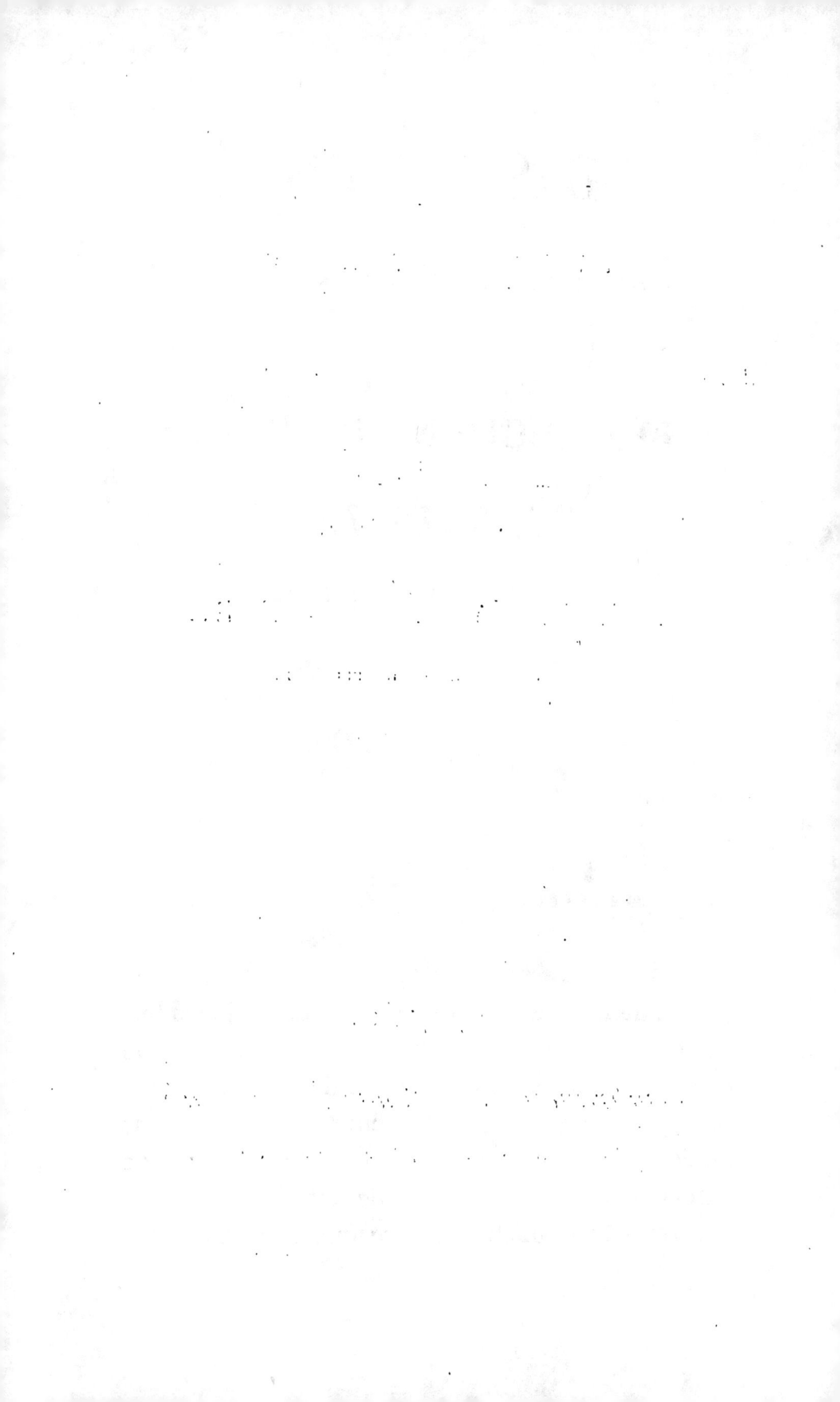

DISCOURS

PRONONCÉ A L'OCCASION

DE

LA BÉNÉDICTION DU DRAPEAU

A TILLY,

DÉPARTEMENT DE L'EURE.

———•••———

MESSIEURS,

Une auguste cérémonie m'appelle aujourd'hui parmi vous, au milieu du temple de la paix, de la concorde et de la religion. Elle est d'un heureux présage pour tous les bons Français, dont le cœur fut toujours voué d'actions comme de principes à la cause sacrée de nos libertés.

Avec quelle onction, avec quelle douce satis-

faction, je me crois honoré du privilège de sanctifier une cause toute commune : je me trouve
heureux de bénir les couleurs régénératrices qui,
dans des temps difficiles, ont fait respecter le nom
français d'un pôle à l'autre, et qui en ont imposé
aux nations belliqueuses qui tentèrent de les ternir
et de nous asservir à leurs lois.

Nous avons été vainqueurs de toutes les entraves
qui ont tenté de même d'asservir nos conquêtes.
Nos drapeaux ont flotté sur tous les monumens
des potentats tributaires de nos armes victorieuses,
et l'Europe entière a tremblé devant nous. Nos
étendards, de glorieuse mémoire, ont été partout
le gage assuré de la victoire ; ils ont flotté au Pont
d'Arcole, à Austerlitz, à Wagram. L'Italie a re-
connu leur pouvoir ; l'Autriche, la Bavière, l'Es-
pagne et tant d'autres contrées les ont également
vus s'élever au-dessus d'elles et ont marqué au
sceau de la gloire tous nos faits héroïques, avec
le nom des vainqueurs immortels qui les ont
transportés dans le Nord ; et la Moscou elle-même
a vu sur les tours de son Kremlin arborer ce signe
de valeur ; ces trois nobles couleurs qui, teintes du
sang de nos braves, redevenaient encore plus res-
plendissantes, même aux funestes instans de nos
désastres douloureux, désastres que le courage mal-
heureux n'a jamais provoqué de notre part, et dont
la postérité nous doit compte, comme d'éclatantes
victoires, où tant de victimes se sont encore si-

gnalées au sein du malheur le plus affreux, et le plus désespérant; car si nous avons été vaincus à ces époques mémorables, ce n'est point à la force de leurs armes que les hordes sauvages de la Russie ont dû leur victoire mal acquise, mais bien à la force des élémens destructeurs qui n'ont rien ménagé, et qui ont moissonné tant de héros dont nous déplorons encore la perte aujourd'hui.

A tous ces fléaux réunis sont venus se joindre d'autres calamités qui ont abreuvé notre belle France d'amertumes, et ont sillonné pendant de longues années des événemens dont les fastes de notre histoire redisent la douleur.

Ces calamités ont été enfantées par la trahison; elle seule a soufflé le vent empoisonné de la discorde; des traîtres à la tête de l'honneur et de la bravoure militaire ont dirigé nos phalanges glorieuses contre leur patrie, victime de leur lâcheté et de leur turpitude; rien dans ces momens funestes n'a pu sauver notre belle France des attaques réunies des puissances alliées, elle a succombé cette chère patrie, et nous avons vu ses enfans, disséminés, errans sur tous les points de la France, chercher une autre patrie au milieu de la leur; d'autres s'expatrier outre-mer, pour aller chercher dans des contrées lointaines, non le bonheur, ni même la fortune mensongère, mais au moins le repos de longues et périlleuses fatigues qu'ils avaient éprouvées depuis nombre d'années.

Les moins timides, comme je viens de le dire, cherchaient une patrie au milieu de la leur désolée par le despotisme et l'anarchie la plus révoltante. Qu'y ont-ils trouvé ? Les uns, la mort pour prix de leur vaillance et de leurs hauts faits d'armes ; d'autres une injuste déportation qui entraîna leur ruine et celle de leur famille. Était-ce là, messieurs, la récompense qu'ils devaient attendre de leurs services, de leurs honorables cicatrices toutes acquises aux champs de leurs immortelles victoires ? Certes, un meilleur sort devait couronner d'une manière plus satisfaisante tant de valeur et tant d'héroïsme.

Pendant quinze années la France, victime de l'intrigue des malveillans, n'a eu qu'à gémir sur le sort de ces braves qui tant de fois se sont illustrés ; ils ont vainement sollicité : on leur a refusé inhumainement des récompenses que leur sang répandu dans la Germanie et diverses autres contrées réclamait à si juste titre ; ils ont été forcés de languir dans l'oubli, et l'abandon le plus absolu et le plus formel, jusqu'au moment où l'heure de la régénération des braves a sonné ! Que de peines, que de souffrances et de privations les ont accompagnés pendant ce laps de temps avant d'aborder au port fortuné qui devait les rendre à eux-mêmes, à leurs concitoyens et à leur famille éplorée dont ils

étaient les seuls et dignes soutiens. Combien n'a-
vous-nous pas à déplorer sur le sort de ces infor-
tunés; rien ne peut racheter leurs souffrances
passées, et nous ne pouvons former que des vœux
stériles. Tout en reconnaissant les abus dont ils
furent victimes, et nous appesantissant sur leurs
maux, nous ne pouvons apporter un remède
efficace qui puisse les alléger d'autant; mais,
messieurs, il est un Dieu qui est le médiateur de
toutes choses ici-bas, auquel est réservé le droit de
les récompenser d'une manière plus digne de sa
puissance que de celle des humains, qui ne
sont que des atomes auprès de lui et de sa
souveraineté.

Je ne peux, Messieurs, m'appesantir plus long-
temps sur un sujet aussi triste et aussi étendu;
mon devoir, comme ecclésiastique, m'impose la
stricte loi de ne pas remonter aux causes et aux
antécédens qui ont amené les calamités que je
viens de signaler; il n'appartient pas à un ministre des cultes d'aller au delà des fonctions
saintes qu'il doit exercer, et l'honneur m'impose le nouveau devoir de ne point scruter la
conduite des Souverains; c'est encore à Dieu seul
auquel il appartient de les juger, et de prononcer-
cer. Sortir du cercle ou des limites qu'il m'impose,
serait une prévarication de ma part, et je me
croirais indigne de la confiance publique dont
on veut bien m'honorer, si, sortant de mes at-

-tributions, j'allais m'initier dans la route tor-
-tueuse de la politique; mes lumières sont trop
circonscrites pour attaquer un principe de cette
nature, et je rentre dans mes fonctions, en ne
blâmant pas les actions ou la conduite d'un monarque appelé à nous gouverner; et en sujet fidèle
je rends hommage à sa vertu et à ses bonnes
intentions.

Aujourd'hui, la France rendue à des idées toutes
libérales et gouvernée sous les auspices d'un Roi
vraiment citoyen, il me sera permis avec vous,
messieurs, d'adopter un système régénérateur
de nos libertés, base du bonheur des Français
depuis si long-temps victimes de leur dévouement
à cette patrie qu'ils ont si loyalement défendue,
et pour laquelle ils ont fait des prodiges de valeur. Le drapeau tricolore a reparu; nous les
avons ressaisies ces couleurs chéries, et avec elles
notre noble indépendance! Honneur et gloire aux
immortels héros qui ont sacrifié leur vie pour
assurer la paix, et le bonheur de leurs frères; que
d'actions de grâces ne leur devons-nous pas pour
leurs actes d'héroïsme, dont aucune histoire encore n'a pu faire mention! —Que vos noms, il-
lustres victimes, soient à jamais gravés dans nos
cœurs, qu'ils volent de bouche en bouche à la
postérité la plus reculée! que tout bon Français
redise votre valeur, qu'il répète en chœur les traits
de votre patriotisme désintéressé, que votre sou-

venir ineffaçable soit retracé à jamais au temple
de mémoire. Que pour vous, élus de la gloire,
vrais enfans de l'immortalité, nos prières retentissent au pied du trône de l'éternel.

Qu'il m'est doux, qu'il m'est glorieux, Messieurs, d'avoir le bonheur de pouvoir en ce jour
fortuné sanctifier ces nobles et brillantes couleurs,
véritable arc-en-ciel de la liberté; mais que de sang
elles ont fait répandre! que de larmes elles ont fait
couler! Aussi doivent-elles être d'un grand prix à
nos cœurs : elles ont été retrempées par ce même
sang, et malheur à qui oserait vouloir les ternir
de nouveau. Le Français a secoué la poussière qui
les obscurcissait, elles doivent maintenant bril-
ler d'un nouvel éclat; elles sont ineffaçables. Long-
temps elles ont été cachées dans nos cœurs; elles
ont pris leur essor pour réédifier nos trente ans
de victoires, et nous rappeler les actions des braves
qui les ont arborées sur la cime des Pyramides,
qui les ont plantées sur les bords du Danube et
du Tibre, et en cent pays divers.

Puissions-nous jouir de leur influence bienfai-
trice avec sécurité, ce doit être le vœu de la grande
nation; et que l'Europe, étonnée par nos trois jours
d'immortelle victoire, apprenne à les respecter
désormais. Qu'elle tremble, si des projets ambi-
tieux la portaient à venir nous les disputer encore
une fois; nous saurions de nouveau nous rallier

sous cette noble bannière, et défendre les droits
sacrés qu'elle nous a acquis.

- La France libre peut à présent sécher ses pleurs,
terminer ses alarmes : nous sommes libres enfin, et
la religion elle-même a reconquis ses droits; elle
n'appartient plus à l'état cette religion qui, seule an-
térieurement, s'arrogeait le droit de diriger les consciences : chaque chrétien est libre de sa croyance;
elle ne sera plus enchaînée par un système désorganisateur et tyrannique, qui lui imposait des
obligations, plus ou moins illusoires, et qui ne
tournaient pas au bien. Cependant, Messieurs, il
est encore des ministres de notre sainte religion
qui, désertant le sanctuaire de la vérité, abandon-
nant l'église, s'affranchissant du pouvoir émané
de Dieu même, se rallient en nombre, en parcou-
rant aujourd'hui diverses contrées, et viennent
encore sous le masque emprunté et trompeur d'un
zèle de religion, couverts en un mot du voile
ignoble de l'imposture et de l'hypocrisie, offrir gra-
tis dans les communes leurs services éphémères,
et leurs ministère mensonger. Gardez-vous bien de
prêter une oreille attentive à leurs vains discours,
ils ne tenteraient qu'à tromper votre religion et à
vous induire en erreur; d'ailleurs, tout surbordonné
qui abandonne volontairement son chef pour se
rallier à des esprits de sa trempe, est peu digne
de la confiance, ne cherchant qu'à surprendre et
tromper la crédulité du chrétien bénévole qui se

livre sans crainte et sans défiance à l'ennemi qui, d'avance, a médité sa perte.

Je crois agir ici avec sagesse, en vous donnant cet avis salutaire ; mon unique vœu est que vous sachiez en profiter afin d'éviter les piéges qui pourraient vous être tendus.

On doit gémir sur la conduite scandaleuse de tels prêtres, opprobre de l'ordre social : il est heureusement en votre pouvoir d'éviter leurs funestes tentatives, et de ne pas vous écarter de la route qui vous a été tracée par un pasteur, qui ne veut et ne désire que votre bien, et qui se dit être autant l'ami que le père bienveillant du troupeau confié à ses soins.

Tels doivent être les principes de tous les prêtres, sans quoi on ne saurait en trouver un bon : la vue du bien doit être son unique but pour remplir dignement ses fonctions, ne s'en écartant jamais crainte de perdre cette confiance, point central de ses actions et de la conduite irréprochable qu'il doit nécessairement tenir pour l'acquérir.

Les principes, en mon particulier, que je m'efforce de professer pour me rendre digne de vos suffrages, n'ont pas, j'ose l'espérer, encouru votre disgrâce; aucun motif, je me plais à le croire, n'a pu donner matière à votre improbation ; aussi, marchant toujours sur la même route et vers le même but, je suis plus qu'assuré de ne jamais démériter dans votre esprit : ce sera pour moi la plus noble, la plus belle et la plus honorable récompense.

Je reviens au sujet qui nous rassemble dans ce saint lieu pour terminer l'auguste cérémonie qui nous y amène. Salut, ô toi drapeau tricolore ! Salut, objet de tous nos vœux ! puisse toujours la France être invincible sous la glorieuse bannière qui tant de fois a conduit nos guerriers vainqueurs aux champs de l'honneur, fais renaître parmi nous cet âge d'or qui n'eût jamais dû nous quitter, réunis tous les Français sous un même principe ; sois le baume réparateur qui cicatrise pour toujours les plaies qui depuis trop long-temps nous dévorent ; que ton emblème soit le signe assuré du pacte sacré qui doit nous unir ! Fais taire les haines et les vengeances ; fais aussi que le flambeau de la raison éclaire la France et l'Europe entière. Que les dissensions cessent, que tous se rallient pour le soutien de la patrie tant de fois menacée par les nations voisines ; que les peuples lointains redisent et chantent notre gloire, qu'ils apprennent à redouter tout pouvoir injuste, et que rien désormais ne s'oppose plus à la paix, à la tranquillité de notre pays.

Que la palme de l'olivier vienne couronner ta lance, et que le voile funéraire ne vienne plus te couvrir de ses ombres lugubres ; alors nous serons heureux, tous nos vœux seront accomplis. Que

notre monarque aussi juste que bienfaisant nous
protége : c'est à lui que nous confions nos desti-
tinées. Il est aussi enfant du drapeau tricolore,
Messieurs, les champs de Jemmapes l'ont vu com-
battre sous cette merveilleuse bannière ; lui aussi
s'est illustré sous ces couleurs nationales, il en
connait tout le prix, et saura toujours les faire
respecter.

INVOCATION.

O vous, mânes de nos frères! Français,
dignes fils de la victoire, qui maintenant dormez
en paix ! si nous célébrons votre victoire par des
hymnes à l'Éternel, qu'ils retentissent jusqu'au
pied de son trône céleste : nous n'en portons pas
moins votre deuil. Soyez fiers de votre glorieux
trépas ! que la liberté déploie sa bannière dans ce
temple ouvert en votre honneur ; vos veuves et vos
orphelins seront toujours pour nous l'objet de la plus
tendre sollicitude. Nous nous estimerons heureux
de les protéger et de les secourir, en les considé-
rant comme des victimes de votre patriotisme et

de votre dévouement, et vous comme des mar-
tyrs de la liberté !!!

Mais si quelqu'un portait sa main coupable sur
des lauriers qui vous ont tant coûté, comptez sur
nous, et nous leurs répondrons par le cri toujours
redoutable : *Vive à jamais Dieu et la Liberté !!!*

SUR LA LIBERTÉ

DES CONSCIENCES,

PAR M. L'ABBÉ DE PIETRI,

CURÉ DE TILLY ET HEUBECOURT.

A MM LES ECCLÉSIASTIQUES DE FRANCE.

La France, rappelée à un gouvernement paci-
fique sous les auspices d'un monarque aussi juste
que bienveillant, laisse à tout jamais les consciences
libres et dégagées de toutes entraves : il ne tient
donc qu'à nous d'exercer notre religion avec plus
de succès qu'en tout autre temps; nous pouvons

enfin donner un libre cours aux principes sages qu'elle nous enseigne, certains d'y gagner.

Le véritable moyen d'arriver à un but fructueux, est de nous attacher avec force aux principes sacrés dont elle est remplie, et l'avenir de prospérité qu'elle nous offre est incalculable. En effet, toutes les chances sont en notre faveur, et il y aurait de notre faute de tomber dans des erreurs préjudiciables aux dogmes qu'elle nous enseigne. Il est par conséquent de notre devoir à tous, d'accorder à chacun sa liberté de conscience, c'est sa sauvegarde, c'est son égide, qui doit le mener au port qu'il s'est volontairement choisi, sans qu'aucun de vous puisse entrevoir sa marche ou trop lente ou trop prompte; mais, pour arriver avec succès à ce terme désiré, il est nécessaire de se bien observer, il ne faut pas par de fausses erreurs, circonvenir les intentions salutaires et bienveillantes de celui qui cherche à suivre le chemin de la vertu : c'est un chemin difficile et périlleux, qui entraîne bien des ménagemens, et demande un soin tout particulier pour ne point s'y égarer.

Comme ecclésiastiques, nous devons nécessairement employer tous les moyens qui sont en notre pouvoir, afin de procurer aux fidèles cette même

liberté de conscience. Nous n'avons qu'une doctrine
à enseigner, cette doctrine est pure, sans tache,
et conduite avec douceur et aménité; ce doit être
un de nos devoirs les plus sacrés, ce doit être une
de nos principales maximes, pour pouvoir remplir dignement une tâche sévère, tâche dont nous
avons contracté la stricte obligation en embrassant
les ordres sacrés.

Rien ne doit ralentir votre zèle; nous devons
au contraire tout mettre en œuvre pour agir avec
cet esprit de charité chrétienne, dont un ministre
des autels doit plus que tout autre être animé.

Un digne ecclésiastique, toujours et en tout
lieu, non-seulement doit prêcher l'exemple, la
saine morale, mais encore la mettre en action et
la pratiquer dans toute son acception. Il ne saurait trop éviter de se laisser emporter par un zèle
trop ardent, inconsidéré, aveugle et sans science,
s'il veut voir l'œuvre qu'il se proposait, couronné
d'un heureux succès; et à cet effet, il faut qu'il
s'attache spécialement et avec le plus grand scru-
pule à ne point se laisser entraîner par des man-
demens, contraires aux institutions de la religion;
bien mieux, c'est que pour agir saintement, chré-
tiennement, en un mot avec esprit de tendresse,

il doit les respecter toutes, les protéger même s'il est nécessaire contre l'oppression ; alors les ministres de Jésus-Christ se seront rendus dignes du respect et de l'estime générale ; mais, pour se concilier cette estime, il ne faut pas d'abord qu'un sentiment d'ostentation anime ses démarches, il faut que naturellement le cœur soit de moitié, qu'un désintéressement total préside ses actions, que la louange et la vanité soient à jamais bannies de son cœur ; et afin que le mérite de son bienfait rapporte davantage, il ne faut pas non plus que son intérêt personnel perce au milieu de son ouvrage, sans quoi il en perdrait tout le fruit.

L'égoïsme doit faire place à la générosité toute entière, et, pour que l'action d'obliger son semblable soit toute belle et toute héroïque, il faut qu'à toute épreuve elle soit entièrement détachée de l'ombre même d'un soupçon défavorable, sans quoi son vernis ne serait que factice et désavantageux ; et, par cette raison, ce ne serait plus un bien que l'on aurait cherché à faire pour autrui, mais pour soi-même, n'ayant eu que son intérêt particulier en vue ; et certes ce ne serait pas là un moyen d'avoir bien mérité de sa propre conscience ; ce qui sans cesse nous fournirait des reproches sans nombre et légalement acquis.

J'ose croire, Messieurs, que jamais il n'entrera dans mon cœur de tels sentimens; mes principes sévères m'imposent non-seulement le devoir, mais encore la stricte loi d'avoir sans cesse recours à une doctrine bienveillante; émanant d'un cœur droit et sans reproches. Le bien de vos frères doit vous être infiniment plus précieux que le vôtre, et jamais un luxe honteux ne peut ni doit être le point de mire de la morale toute évangélique que nous prêchons qui est la base fondamentale de la morale que nous professons.

Puissiez-vous penser comme moi à cet égard, je chérirai le bon esprit qui vous aurait animé. Nous pouvons pour lors répéter en commun qu'il est bien doux et bien satisfaisant d'avoir la liberté des consciences, quand elles sont surtout dirigées par des ecclésiastiques exempts de toute prévention, et qui ne sont pas animés par un système désorganisateur, nuisible au bien de l'humanité, de l'ordre social et de la tranquillité en général: attendu que tous les vœux d'un bon ministre des autels, doivent tendre au bien-être et à la prospérité des fidèles, sans jamais s'initier dans les af-

faires civiles qui doivent être étrangères à la pro-
fession qu'il exerce.

Enfin un bienfait vous est échu, jouissez-en
sans trouble ; que la bienveillante sollicitude du
roi qui vous gouverne soit votre sauvegarde, et
que les bienfaits qu'il vous prodigue ne sortent
jamais de vos cœurs, mais vous fassent au contraire
joindre vos acclamations à celles que la France
entière lui prodigue chaque jour, comme au plus
digne et au plus chéri des Monarques, dont l'a-
vénement au trône est le présage assuré de la
paix, du bonheur et de la prospérité de notre belle
patrie.

www.ingramcontent.com/pod-product-compliance
Lightning Source LLC
Chambersburg PA
CBHW072026290326
41934CB00011BA/2889